한석우

1944년 경기도 여주 출생
건국대학교(식품가공학, 위생학 전공) 졸업
저서 한석우 회고 문집『한석우의 삶과 문학』
용인문학회 주최 용인문학 시창작아카데미 29기
현재 〈용인문학회〉 회원

군인의 진짜 맛과 멋을 안다

시로 쓴 병영 일기
(1967년~1968년 5월 25일)

군인의 진짜 맛과 멋을 안다
한석우 시집

목차

1부
전입 명령을 받다

11	아침 점호
13	러시아워
14	악을 쓰는 병사들
16	무장 공비
18	점호(一夕)
20	스피커 1
21	스피커 2
22	푸른 제복의 사나이
27	새로운 빛
28	개미 행렬
30	간밤에 온 비
31	오동나무꽃
32	수세미
33	잠자리
34	남은 잎 하나

2부
내 정성을 다하여 권하다

39 점심밥을 부탁합니다
41 인상
42 배추 수령
43 파월
44 파월 장병 온수 급여
45 모녀
46 봄이 올 때 들리는 소리
47 바람
48 4.19
49 솔잎
50 꿈
51 하루는 저문다
52 단비
54 아기 봄
55 경칩

3부
자랑스러운 푸른 제복

59   투표

61   진급과 사진 촬영

63   군복과 버스

64   S-4(군수과) 근무 시간

67   표창장

68   외딴집

69   전우는 가다

71   초승달

72   맥고모자 아가씨

73   구더기

74   산다는 것

75   목욕

76   원두막

77   십일월 십이일

4부
청춘은 코발트색

81 구보
83 음악은 피로를 풀어주는 벗
84 하기 휴양
85 양산
86 벼 이삭 같은 인간
87 고란사 고란초
88 낙화암
90 편지
91 들국화
92 난초
93 왜 혼자 있나요
95 젊은 욕망
96 뭘 그러십니까
97 해와 달
98 아카시아꽃

5부
몸에 밴 군복 냄새

101　저놈이 푸르러지면
103　오리 나뭇잎 필 때
105　제대병病 인가
106　버드나무 잠을 깬다
107　봄바람 핑계
108　보리밭
109　초록 물이 오른다
110　개나리꽃
111　해가 바뀔 때
113　제비
115　물 논 임자
116　쪼록 싸리꽃
117　익어가는 추억의 알알

118　해설. 60년대 군대 시절의 귀한 시, 깜짝 선물

1부
전입 명령을 받다

1965년 10월 5일 군대 입영시 마을 이장이 매어준
'무운장구' 어깨띠를 한 한석우 시인

아침 점호

따따따 따따따
기상나팔이
새벽 공기를 흔든다

기상!

말번 불침번의
벼락 치는, 외침

기상!

복창하고
단꿈을 깬다

아침 여섯 시
연병장에 집합

하나, 둘, 셋…
인원 점검

하나, 둘, 셋 넷…
애국가 제창

울부짖는다
청춘의 기백
새벽이 쩍,
갈라졌다

(1967년 5월 18일)

러시아워

오늘도
쉬지 않는 공장 톱니바퀴
러시아워!
산업 역군들 재촉하는 발걸음

붉은 저녁노을 지고
산새도
보금자리 찾아 숲속으로 들 때
러시아워!
솟아나는 땀방울
내일을 바삐 충전한다.

(1968년 3월 21일)

악을 쓰는 병사들

집합 신호가 영내에 떠돈다

XX 병사!

천둥소리다
쩌렁쩌렁 메마른 공기를
쭉 찢는다
겁먹은 병사의 두 눈이 동그랗다
동공에 비친 파란 하늘
잔뜩 긴장한 목덜미
개미 소리
기어들어간다

대답이 영~ 시원치 않다!
X새끼야!
죽도 못 먹었나?

왜 그리 다 죽어가나?
부릅뜬 눈에
주먹다짐

병사들은
악을 쓰며 핏대를 올린다
불이 번쩍
군기가 번쩍

(1967년 9월 29일)

무장 공비

반공! 방첩!
오죽하면
까막눈도 알아보는 글귀
삼척동자도 알아듣는 구호

담벼락, 전봇대
거리거리
간판마다
표어와 포스터
플래카드는 펄럭펄럭
어딜 가나, 철통같은 정신
빈틈없는 방어 태세

1월 21일
무장 공비 31명
수도 서울

청와대
300m 문턱
뚫었다.

잠자듯 고요했던 세상이
발칵,
침투당했다.

(1968년 1월 25일)

점호(一夕)

밤의 신이 찾아왔다

빳빳한 귀한 종이 구해
헤진 군복 각 잡아 접은 덕에
한 치의 오차도 없다
칼같이 날 선
관물함 정리 정돈

하나, 둘, 셋, 넷…
인원 점검
제반 수칙 암기 사항 테-스트
병사들의 혼이 빠지는 시간
주번 사관 호통으로
하루의 생활은 막을 내린다

고요의 신이 노-크한다

병사들의 피로를 씻어준다
단꿈에 빠지면
하나, 둘…, 누군가의
잠꼬대도 고요 속에 잠들고,

점호는
병사의 맛이다

(1967년 9월 6일)

스피커 I

얼마 전부터
내 부대 건설 공병대대에
스피커 장치가 생겼다
잠자던 병사의
마음을 뒤흔들었다
설레는 생활을 하게 됐다

어제와 같이
오늘도 뉴-스, 음악…
병사들의 마음길
고향을 달린다

(1967년 8월 4일)

스피커 2

아침 여섯 시
태양이 빛날 때
스피커에서
뉴-스가 단꿈을 깨운다

낮 열두 시
명랑한 음악이
스피커에서 울려 나올 때
졸음을 쫓고

저녁 다섯 시
태양이 빛을 잃을 때
내일의 스피커를 기대한다
고달픔을 달래줄 묘약

(1967년 8월 4일)

푸른 제복의 사나이

1
하나, 둘, 셋, 넷
하나, 둘, 셋, 넷
번호 맞추어~
갓!

조교의 앙칼진 명령이 떨어진다
새까맣게 그을린 얼굴들
눈동자가 빛나고 이빨만 번득인다

4.5파운드 M1 소총 어깨에 메고
흙먼지 뽀얀 연병장에 거친 호흡 일고
숙달된 조교의 시범에 혀를 찬다
미남과 추남은 분별없고
사나이로서 상대된다

2

좌선 사격 준비 끝! 우선 사격 준비 끝!
전사선 사격 준비 끝!
중대장 명령이 스피커에서 진동한다

탄알 일발 장전! 사격 개시!
탕! 탕! 탕!
화약 연기가 신경을 야릇하게 흥분시킨다
합격! 불합격!
백발백중 명사수가 탄생한다

3

낮은 포복! 높은 포복!
각개 전투에
팔꿈치 무릎 시퍼렇게 멍든다
은폐와 엄폐
장애물을 이용하여
돌파한다
철조망이 눈앞에 닥친다
거뜬히 뚫고 나가는 사나이들

가스! 명령에 방독면 착용

도깨비 같은 얼굴

다람쥐 된 사나이들

최루 가스 실에서 일제히 방독면 벗고

진짜 사나이를 복창한다

힘차게, 쏟아지는 눈물 삼키며

진짜 사나이!

4

6주간 훈련은 끝났다

엄숙하고 맑은 표정

전방이냐? 후방이냐?

특과 학교냐? 후반기 교육이냐?

기성 부대로 배치된다

영광의 계급장은 작대기 하나

이등병!

가슴 뭉클, 벅차오른다

신고합니다!

이병 XXX는 X년 X월 X일

X에서 X로 전입 명령을 받았습니다

5
신상명세서 기록 병과에 따라
보직이 부여되고
신병 생활이 시작된다
식사 당번, 불침번
눈코 뜰 시간이 없다
고참들 성격 건드려서는 안 된다
엉덩이에 매타작이 춤을 춘다

열에서 백까지
모든 일이
불만스럽고 불평이 치솟는다
신병은 외롭고 괴롭다

6
시간이 흐르고 날이 가고
달이 넘는다
제대란 두 글자 달고
고참 호랑이는 떠난다

중고참 계급은 작대기 세 개 상등병

이제는 호흡이 안정되며

멋과 맛 진짜 기분을 안다

한 꺼풀 벗은 사나이

7

갈매기 하나

계급은 병장

말년이라 자칭하여

요령과 요령으로 요술을 부린다

호랑이가 되고 보면

배짱은 하늘을 찌르고

겁날 게 없다

차례를 기다리는 싹이 틀 뿐,

푸른 제복의 사나이

제대한다.

(1967년 8월 28일)

새로운 빛

구름같이 흩어져
흘러가 버린
돌이킬 수 없는 빛나던 시절

서러운 가슴에
어느 날
분홍색 봉투에 담긴
연분홍 꽃봉오리
활짝 피어나
속삭일 수 있는
세월이 흘러오는 걸까

(1968년 3월 25일)

개미 행렬

까만 놈이 돌팍 틈바구니에서 기어 나온다
허리는 잘록한 것이 겨우 머리와 배가
이어진 것 같은 아라비아 숫자 3자 모양인
까만 놈이 나무둥치 밑에서
살살 머리를 흔들거리며
하늘 향해 뻥 뚫린 어두운 굴로부터
자꾸만 자꾸만 기어 나온다

33333…

까만 놈이 어디 좋은 일이라도 생겼는지
알지 못할 곳으로 자꾸만 자꾸만
아라비아 숫자 세 번째 모양인 놈들이
땅 위를 일렬종대! 군대 행렬!
까만 놈이,

(1968년 5월 7일)

간밤에 온 비

목이 말라 물을 찾던 것이
간밤에
송알송알 종알대며
촉촉이 대지를 적셔준
보슬비

새 기운을 얻고
싱싱한 어린싹
희망을 되찾아
아지랑이 품에서
하품하고 기지개를 켠다

긴 잠에서 꿈을 깨면,

(1968년 3월 21일)

오동나무꽃

이마 바람이 살며시 스치고 난 후
씨앗 떨어지다 남은 열매 뭉치가
달각달각 비벼댄다

자주색 나팔 닮은 하늘을 향한 꽃
오동나무 밑에
야릇한 감정
내 마음 들킬까봐
눈길은 하늘에 머물고
발아래 굴러떨어진 꽃을
하나둘
헤아려 밟아 본다

아쉬운 지난날을 되씹고,

(1968년 5월 7일)

수세미

뜰팍
아치를 휘감은
무성한 수세미 잎
폭양 아래 너풀댄다

노-오란 꽃송이
유혹에 빠지는
행주치마 아낙네
일손 멈추고
주렁주렁 달린
수세미를 매만진다

소녀 적 추억에
눈물 한 방울

(1967년 9월 2일)

잠자리

유리로 만들어진 두 쪽
머리
파르스름하고 거무스레한
보석 박힌
두 눈알
가슴은 마치 목침 같아
한쪽에 네다리씩 양쪽에 돋아 있네
꼬리는
길-게 이어져 달리는 기차
엷은 망사
두 쌍의 날개 잎

잠자리 오묘한 생김새에 끌렸는지
꼬마 녀석 잡아 달라고 떼를 쓴다

(1968년 5월 3일)

남은 잎 하나

바람이 문풍지를 울릴 때마다
뒤 뜰 안 구석진
단풍나무 가지에서
살그락살그락
발버둥 치는 소리

나뭇잎 하나
대롱대롱
목 매달린 채
애원한다
나를 놓아주세요!

남은 잎 하나
때를 놓치고 난 후회를
살그락 대롱대롱
대롱대롱 살그락

바람은 사정도 모르는데
남은 잎 하나
사연 매달고,

(1967년 12월 3일)

2부

내 정성을 다하여 권하다

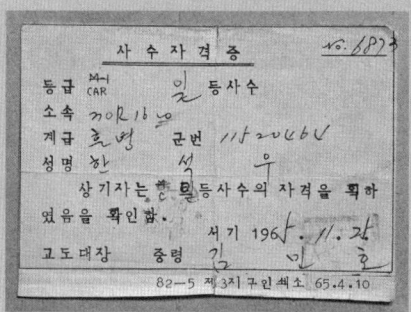

훈련병 시절 획득한 일등사수 자격증

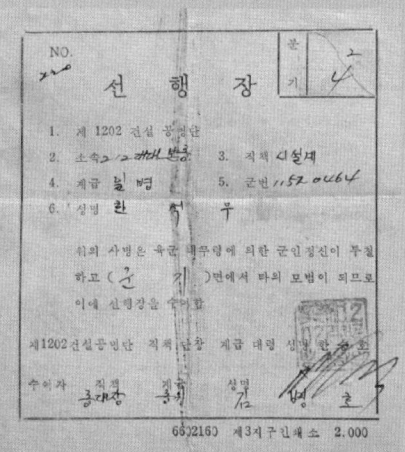

일등병 시절 수상한 선행장(군기 모범)

점심밥을 부탁합니다

쌀과 부식을 가지고
대문을 노크한다

저… 군인인데요,
점심밥을 부탁드릴 수 있을까요?
좀 수고를 끼치려고…

솜씨도 없고 찬도 없는데…
수줍은 아낙
들어오라 손짓한다

염치 불고하고 부탁드립니다

투박한 밥상
꾹꾹 눌러 담은 주발
정성이 모락모락

한술 두술
고마움을 먹는다

(1967년 11월 22일)

인상

군복을 입고 농가를 방문한다
주인집 식구들이 우르르 몰려나와
겁먹은 눈초리로 낯선 방문객을 이리저리 살핀다
사정을 친절하게 말하니
금세, 이웃집 아줌마 아저씨

아늑한 농촌 초가삼간에
길게 땋아 내린 소박한 댕기, 언니와 동생
엄마 등 뒤에 숨어 반쯤 내민
수줍은 얼굴이 붉다

넉넉지 못한 살림살이
흙냄새 풀냄새에 익은
사람 사는 냄새가 물씬 난다

(1967년 11월 22일)

배추 수령

긴긴 겨우내 먹으려고
배추 수령을 갔다
가정에서는 주부들이 가족 걱정을 하지만
군대에서는 나 자신! 자신만…

한 포기, 두 포기
트럭에 적재한다
지루하고 추운 겨울날을 세는
나!

(1967년 11월 23일)

파월

평화의
비둘기 한 마리가
푸른 대한의 하늘을 날았다
청룡이 머리를 들고
맹호가 포효한다
백마는 먼지를 일으키고,
십자성
혜성진…

월남 땅으로
줄지어 떠난
대한의 아들아!

(1968년 3월 8일)

파월 장병 온수 급여

대전발 23시
기적소리 구슬피 목메어 운다
파월 장병 온수 급여
너와 나는 군복을 입었다
사명을 같이하던 전우는 떠난다

울컥,

따뜻한 보리차
한잔을
내
정성을 다해 권해본다

(1968년 3월 10일)

모녀

머리에 이고 든 어머니
뒤축이 움푹 패인
거무튀튀 얼룩진 고무신
손에 딸랑 든 딸의 핸드-빽
초록 구두가 윤이 난다

코스모스 향기에 가을은 익고
어드메 가는 딸의 행차인가

누추한 어머니 눈가에 허름한 미소가
자랑스럽구나! 멋지게 꾸민 내 딸아!
아직 길 떠나지 않은
가을날이 저물고 있다

(1967년 9월 23일)

봄이 올 때 들리는 소리

졸 졸 졸
시냇물이
얼음장 밑을 속삭속삭 흐른다

송알송알
버들강아지 눈을 비비고
새색시 귓가에 머리카락 나부낀다

또닥또닥
아낙네 빨래 소리
아가씨 가슴 부풀고

멍멍멍
삽살개가 임의 발길 반긴다

(1968년 3월 7일)

바람

눈에 보이지 않는데
손에 잡히지도 않는데
그렇다고
무게도 없는 것이
색깔도 없는 것이
냄새도 없고 맛도 없는 것이
귓가를 스치고 머리카락을 날린다
나뭇가지를 흔든다

시작이 어디부터인지 알 수가 없는
바람이 이마를 때리고 간다
흐르는 바람은
조용하다가도,

(1968년 3월 13일)

4.19

맨주먹 울분 속에서
정의와 자유와 민주와 평등 찾아
붉은 함성!
경찰의 곤봉과 총탄에
이슬로 사라져간 학도
정의의 사람들, 투지의 사자들

4.19 여덟 돌 태양은 불타오르고
먼저 간 그들, 지하에서 말이 없다

헛된 몸짓 아니었구나!
두 손 감고 고이 잠든 그대들
역사에 길이 남겨질 용사의 아우성
맨주먹의 피

(1968년 4월 19일)

솔잎

누릿한 잎이
어둠 속에 찾아온
가랑비에 젖어
푸르고 뾰족한 잎
투명하게 솟았다.

정열 끓어오르는
송진 냄새
코끝을 찌른다.

(1968년 3월 21일)

꿈

눈앞에 이글이글
무쇠가 녹아 흐르는 용광로가 있다
그 속에 뛰어들었다
징그러운 구렁이 무리가 우글우글하는
칭칭 얽힌 넝쿨 숲을 헤쳤다

향긋한 냄새가
사뿐사뿐 걸음마다 피어나고
어여쁜 갑사댕기 살랑살랑
방긋 웃음 지으며 손짓한다

붙잡으려고 손 내밀자
점점 멀어져 가는
그대 뒷모습

(1968년 3월 25일)

하루는 저문다

오늘의 해가 기울어 간다
잔주름이 잡힌다
석양 속으로 황새 한 마리 푸드덕 날아오른다
몸부림치며 비명을 터트린다
깃털 하나가 허공을 맴돌며 대지를 향한다

저녁노을 짙은
하루의 해는 어둑어둑 저문다
땅덩어리도 미물도 분명,
주름이 잡힐 게다

지금은 해를 집어삼킨
어둠의 신이 미쳐서 날뛰는 시간

(1968년 3월 25일)

단비

개미 한 마리가
달궈진 연병장 흙바닥을
살살 기고 있다
황갈색 뽀얀 먼지가
메마른 대기에 훅 퍼진다
숨이 턱 막히고
마음이 타들어 가는
불볕더위

엷
고,
차
차
⋮
두꺼운
구름이

주룩주룩

꿀맛 같은

단비

퍼붓는다

(1968년 5월 3일)

아기 봄

방글방글
엄마 맘마 재롱 떠는
겨울에 태어난
막내둥이

봄바람 살랑살랑
엄마 맘마 종알대며
아장아장
방싯방싯
봄나들이 가잔다

(1967년 3월 3일)

경칩

앙상한 나뭇가지를
아직, 울려대는 바람이 일지만
그것은
남촌 바람

우수가 지나고 경칩
잠자던 개골님이
깜짝, 더운 기운에
놀라서 깨셨네

(1967년 3월 5일)

3부
자랑스러운 푸른 제복

상병 시절의 한석우 시인

투표

빳빳하게 다림질한
A급 푸른 제복을 입고
마음을 가다듬으며
투표장으로 다가갔다

처음 경험하는
대통령 선거!
가슴은 울렁이고
손가락은 경련을 일으켰다

마음의 결정을
함 속에 밀어 넣었다

떨리는 호흡으로
투표하던 순간
얼마나, 내 한 사람이

귀중한가 깨달은

모처럼의 시간

(1967년 5월 3일. 제6대 대통령 선거)

진급과 사진 촬영

9월 초순
작대기 세 개 상등병 진급
대전 목적교 입구
세기 사장에서
W 촬영이라 두 번을 왕복

2월 중순
갈매기 하나 병장 진급
추억의 기념으로
세기 사장에서
W 촬영이라 두 번을 왕복

4월 하순
기쁜 마음에서
세기 사장에서
W 촬영이라 두 번을 왕복

(1967년 5월 8일)

군복과 버스

청주발 6시 신탄진 경유 대전 종점
직행 좌석제 동신 버스에 몸을 실었다
산마루 턱에서 고장 난 버스
모비루 파-이프가 터졌다
한 시간 동안 종종거리는 마음

다음 버스가 도착했지만
탈 수 없다는 차장 아가씨의 짜증스런 말투
군복 입은 사나이들이 낙담하는
순간, 운전사 아저씨가
군인들만 승차하라고 크게 소리친다

처음으로 느껴본
군인 된 자랑스러운 마음

(1967년 5월 7일)

S-4 (군수과) 근무 시간

오전 8시 하루 일과는 시작된다.

과장님 대위 신승윤
부대 밖의 일로 출장이 많고 보면
보급관님 중위 허병무
제반 보급품과 S-4 운영을 지시한다
선임하사 상사 최일성
말 못 할 사정이 있는 결근이 잦고
일종계에 중사 오원섭
점잖으나 때로는 무서운 호통
2·4종계에 중사 강봉석
말이 적으나 신경질에 두려움 서릿발
연료계 병장 변재진, 조수 일병 김은호
일주일에 두 번씩 수령을 다닌다

시설계 병장 내가 맡고 보면

대외적인 일이 많고
기재계 상병 김우겸
꾀가 살살 튀어나오기도 하며
병기계에 상병 박헌명, 조수 일병 박세우
골치 아픈 업무 처리에 시달리기도 하고
자재계 조수에 진 일병
아직 업무에 익숙지 못하여 눈물을 머금는다

부식계에 일병 김우영
그럭저럭 책임을 꾸려 나가며
서무계에 일병 임병용
병아리 군 생활에 익숙지 못하고
일종계 조수 서 일병
내무반에서 기합받고 전남 광주로 탈영하고…

어수선한 S-4 근무
각 계원은 항상 분주하다
일과 시작 후 1시간과
일과 끝나기 1시간 전은
어물 시장처럼 정신이 뱅뱅 맴돈다

그러나, 때로는 유머가 흐르고
너털웃음 털어놓고 보면
시달린 하루는 꿈같이 사라지고
내일의 희망에
보다 굳게 마음 길러보는
S-4 근무처

(1967년 5월 9일)

표창장

군가를 부르고
라디오 게임을 하고
일곱 부대와 대결하여
삼관구의 최우수부대로
표창장을 받게 될 줄은…
꿈을 꾼 것만 같다

표창장!

군대에서 명예로운 순간
가슴이 뛰고
울렁인다

(1968년 3월 22일)

외딴집

아카시아 하얗게 만발한
길옆 외딴집 한 채
아가씨 고운 마음
날이 가고 달이 갈수록
부풀어 가네

아카시아 숲속 아담한
비밀 궁전에
꾀꼴 새 깃들어 벗 되자고
맑은 목소리로 꾀꼴꾀꼴
목소리 편지 띄우면
아가씨 마음
두근두근

(1967년 5월 28일)

전우는 가다

쾅쾅쾅
천지를 뒤흔드는 포성도 없는데
탕탕탕
귓가를 스치는 총성도 없는데
푸른 유-니폼을 입은
대한의 아들 이 병장은
애석하게도 숨이 졌다.

누구를 원망하고 슬퍼하겠는가
피비린내 나는 전선도 아닌데
총과 칼을 애인같이 길들이더니
먼 길 나선 전우

그렇게도 마음이 너그럽고 미소를 잃지 않던
이 병장!
한마디 말도 없이 오직

조국만을 수호하다가
영혼은 어디서
외롭게 길을 찾고 있을까

(1967년 6월 9일)

초승달

풀과 나뭇잎 냄새를
살며시 몰아다 주는
6월의 초저녁
잔디밭에
팔베개하고 누워 별을 헤아린다
하나둘 나왔다 사라지는 별 무리
눈썹같이 매달린 초승달
가끔 올빼미 울음

나에겐 아직
진정한 마음과 사랑을
고백할 연인은 없다
저 초승달만 알아줄
사연이리라

(1967년 6월 10일)

맥고모자 아가씨

한적한 시골길을
뭉게구름 벗 삼아 버스가 달릴 때
맥고모자 아가씨와 대화를 나눈다
의혹에 쌓여 마음이 불안하다

시간이 흐르고 오가는 웃음
서로 베일을 벗는다
찻방의 밀-크 잔에
온순한 감정이 우러나오고
깊은 눈동자 부끄럼 찰랑일 때
약속을 아쉬움에 묻고 돌아선다

지워지지 않는
맥고모자 아가씨의 잔영

(1967년 6월 19일)

구더기

오글오글
향기 풍기는 터전에서
요동을 친다
어느 때부터
무엇이 못마땅하여
구수한 향기
구미에 맞지 않는가?

구더기 같은 인생이 있어
아우성친다
무엇을 반항하려고
하기야, 세상살이
제멋에 사는 거라고 투덜대는데
징그럽다고 말할 수야

(1967년 6월 23일)

산다는 것

이글대는 7월의 태양 아래
삶을 수놓은 천태만상의 표정
나는, 또 너는
어디로 갈 목적이 있는가

무쇠라도 녹일듯하던 태양
서산에 미련 없이 묻히고
인생은 한 걸음 두 걸음, 또 한걸음
죽음의 길로 다가가고, 또 다가오는데

발버둥 치는 육체의 소용돌이
어둠이 쌓이는데
생과 사의 길에서
갈팡질팡한다

(1967년 7월 16일)

목욕

아유 더워!

한-마디 끝낼 새도 없이
풍덩, 풍덩…
용광로 같은 태양 덩어리
이글대는 산소 불꽃 아래서
알몸뚱이가
미친 듯이 나댄다
부끄럼과 미안함은
아는 것이 바보

날뛰는 놈이
제 세상이다
알몸뚱이 생명들

(1967년 7월 26일)

원두막

네 기둥 대뚝하게 지어진 원두막
밭두렁에 둥글둥글 수박이 뒹굴고
열두 줄기 나이롱 참외는
툭툭 불거져 노랗게 익어간다

행인들 땀 식히고
속세의 천태만상 얼굴들
한숨 내쉬며 들락날락
여름을 달랜다

한 달 보름 지났을까
주인과 나그네 잃은 채
네 기둥 지붕만
우두커니 서 있네

(1967년 8월 22일)

십일월 십이일

봄, 여름, 그리고
가을이 지나고
찬바람이 나뭇가지 끝에서
올 땐,
가슴에
하얀
그리움이
눈송이 돼
꽃처럼 흩날린다

어느새, 겨울이다
첫눈이 오는구나

마음은 마냥 뛰놀고 싶은데,

(1967년 11월 23일)

4부
청춘은 코발트색

상병 시절 내무반 막사 앞에서 한석우 시인

구보

하나, 둘, 셋, 넷
하나, 둘…

잠을 깨면
점호를 마치고
유등교까지
아니면, 가수원 역전까지
하나, 둘, 셋, 넷

푸른 제복의 사나이들은
대지를 박찬다
두 주먹 불끈 쥐고
통일을 기원하면서
하나, 둘, 셋, 넷
하나, 둘…

오늘도
이마엔 구슬땀 흐른다

(1968년 3월 26일)

음악은 피로를 풀어주는 벗

나팔 소리, 종소리, 호각 소리, 그리고
앙칼진 조교 음성
병사들 마음을 뒤흔드는 매운 공기
긴장감이 흐르고 온몸이 경직된다

영내 구석구석
지친 마음속 파고드는
음악 선율
하루의 고단함을 달래본다
음악을
마음 가득히 채운다

(1967년 9월 29일)

하기 휴양

4박 5일
하기 휴양 특명을 받았다
소녀가 나들이 가는 마음같이
가슴 설렌다

모포 2장, 식기 1조, 스푼 하나
A급 작업 복장에 세면도구
충남 대덕군 동면 내탑
금강 상류 강변

알몸뚱이가 되었다
인어가 되었다
육군 하기 휴양소

(1967년 8월 4일)

양산

알록달록 무늬 아래
해맑은 얼굴
샛별 같은 눈동자
백조 같은 목
부푼 젖가슴
사랑이 싹튼다

개미 같은 허리 아래
둥실대는 궁둥이
아스팔트를 걸어가는
미니스커트 아가씨
곧게 뻗은 종아리
하얀 눈웃음
양산 아래 청춘이 활짝 피었다

(1967년 8월 8일)

벼 이삭 같은 인간

초여름엔 하늘하늘 맥 풀려 있던 것이
아기는 뒹굴뒹굴 일어나려 애를 쓰고
비바람 폭풍우 여름이 지나갈 때
아장아장 재롱을 떤다

검푸른 싱싱한 잎사귀
불룩불룩 알을 밴다
이팔청춘 그리운 연인
벼 이삭 팰 무렵이면,

철이 들면서부터 이성을 찾는다
알알이 익어 고개 숙이네

(1967년 9월 29일)

고란사 고란초

샘 솟는 약수 벗 삼아
바위 틈바귀에 푸른 외잎 나풀
일 년에 비늘 같은 점 하나 뒷면에 생기면
사시 상록 50년은 거뜬하다오

백제 의자왕 모시는
궁녀가 푸른 잎 한 장 띄운 비밀 약수
아무도 내 향기 알 수 없는
고란초라오

고란사 천년세월 나와 함께 벗하였으니
누군가 긴긴, 인연 알까
오가는 나그네 아랑곳하지 않네

(1967년 10월 9일)

낙화암

꽃 속에 나비 춤추고
흥취를 돋우는 향긋한 약주
백제 마지막 의자왕
나·당 연합군에 계백장군 숨을 거두니
호화롭고 찬란하던 풍악의 세월
어이 잊을까

백제의 순결과 정조 흐르는
아득한 백마강 물결 굽어보며
한없는 세월이 옷고름 적신다
치마폭 뒤집어쓰고 몸을 던진 꽃송이
오호라! 애달프구나!

삼천궁녀 넋을 위로하고
한을 풀어주려는가
애달픈 전설은 푸른 물에 흘러간다

(1967년 10월 9일)

편지

생각지도 않은
한 통의 편지가 수신되었다
떨리는 손

사연을 읽어 본다
두 장에 빼곡한 위로의 말

곧 마음을 답신하였다
편지는 오고 간다
미지의 아가씨에게 보낸
마음 한 통

(1967년 11월 1일)

들국화

봄에 돋아난
화려한 뭇꽃
등진 채
무더운 삼복더위
천둥소리 번갯불
시달림받고 외롭게 자라난
들국화

한적한 산골짜기에
가을이 익어가면
노-오란 잔꽃과 향기
기약 없이 떠난 임 맞으려
다소곳이 기다리네

(1967년 11월 2일)

난초

조용한 가을날 아침
산새 한 마리
내무반 뒷산에서
재잘거린다

경쾌한 음악 소리
건조한 사무실
문득,
난초가
마음에
불쑥,

(1967년 11월 2일)

왜 혼자 있나요

당신은 왜
결혼하지 않나요?
어여쁜 아가씨의 떨리는 목소리
살며시 어깨에 기대어 온다

아! 별것 아니에요
아가씨들은 마치 저 고운 단풍잎과 같으니까요
왜죠?
글쎄요, 저 단풍잎은 여기서 보면 곱지만
잎 하나를 들여다보면
벌레 먹은 구멍이 있잖아요

그저 그냥
아름다운 모습
이 만치에서
보고 느끼고 상상하면서 지내다 보니

앞으로도 계속 이대로 있을
판이랍니다.

(1967년 11월 2일)

젊은 욕망

나는 너, 너는 나
서로 손잡고
저 끝없이 펼쳐진 창공으로
날아가자

코발트색은
청춘의 흥분제
오늘 하루는 이러해도
내일의 희망이 넘쳐흐른다

나는 너, 너는 나
서로 손잡고
청춘의 추억 수놓아 가는
코발트색 욕망

(1967년 11월 5일)

뭘 그러십니까

여보세요,

그렇게 인상 찌푸릴 것은 없잖아요
이왕 이렇게 태어났는데
어차피 부닥치면서 살아가는 게 인생이잖소
맨주먹이라지만
그대로 지나쳐 버릴 심산인가요
한 번쯤 사귀다가
마음에 들지 않는다면
어쩔 수 없이 헤어져야겠지만
인연이나 맺고 지냅시다.

뭘 머뭇거리십니까?

(1968년 4월 10일)

해와 달

뭉게구름 두둥실 돛단배 되어
푸른 하늘을 떠돈다
햇빛이 눈부시게 빛날 때
고추잠자리가 철조망
가시 끝에 앉아 졸고 있다

서쪽 허공에 살짝 걸쳐 있는 달은
얼굴이 창백하다
한 달 만에 만난 연인
사랑한단 고백도 못 하고
먼발치에서 그저 바라만 볼 뿐,

짝사랑이어도 감사한 사랑바라기 운명

(1967년 9월 26일)

아카시아꽃

철모르던 시절 아카시아꽃을
주머니란 주머니에 가득 따 넣었다
그것도 모자라 양 손아귀에
한 움큼씩 움켜쥐고
양쪽 볼이 툭 튀어나오도록
입안 가득히 넣어 별맛도 없는 것을
맛이 좋아라 어기적어기적
먹던 어린날의 추억

아카시아
향기 풍기는
언덕으로 달려가
그녀와 손잡고
꽃수를 놓고 싶다

(1968년 5월 11일)

5부
몸에 밴 군복 냄새

병장 시절의 한석우 시인

저놈이 푸르러지면

대전시 변두리 복수동
호남선 고개 마루턱
내가 군복 입고 자라 온 곳

65년 12월 23일부터
66년 일 년 열두 달,
67년 일 년 열두 달,
지금은 68년 3월도 26일

저기 유천 국민학교
정원에 있는 버드나무
저기 가수원 국민학교
정원에 있는 버드나무
싹이 나고 버들꽃 피어날
무렵이면,

미련을 남길까? 말까?

(1968년 3월 26일)

오리 나뭇잎 필 때

내가 이곳에 처음 발길을 들여놨을 때는
살을 에는 듯한 삭풍이 몰아쳤다
살그락살그락 낙엽이 뒹굴고 흩어져 날렸다
지다 남은 오리나무 잎이 대롱대롱 발버둥 치고 있었다

C·P 앞 둑에 우뚝 자란 가지마다
오리나무 잎이 피기 시작했다
지루한 겨울잠에서 깨어난
무성한 푸른 잎이
어느 사이 단풍 되어 멋대로 떨어져
나뒹굴면
무지막지한 군홧발 밑에 뭉개졌다
한 해 두 해가 지나고
내 몸에 군복 냄새가 짙게 배었다

68년 무신년 봄이

그때처럼 찾아왔다

뾰족뾰족

오리나무 눈이 트기 시작한다

아지랑이 품에 싸여

봄 나비 춤바람에

푸른 잎 활짝 피기 직전이다

이제

C·P 오리나무잎이 무성할 무렵

푸른 제복을 아쉬움 속에 벗어야 한다

오리나무잎 필 때를

나는

얼마만 한 희망 속에서

얼마만 한 시간을 겪으며

기다려야 했던 것인지

(1968년 4월 6일)

제대병病 인가

고참들이 체험하고
앞서간
제대하는 길

그들은 말했다
입맛, 밥맛, 모든 의욕이
사라진다고

설마 그럴까
닥치고 보니
제대는 병이 맞다

하루가 느릿느릿 저물어 가고 있다

(1968년 4월 6일)

버드나무 잠을 깬다

살그락살그락
살을 에는 찬바람에
신경 곤두서던
세월은 지나갔다

살랑살랑
봄바람이 이마를 스친다

도톰도톰
버드나무 어린눈이
잠에서 깬다

(1968년 3월 26일)

봄바람 핑계

불어오는 봄바람이
아가씨 뺨에 부딪힐 때면
내 가슴이 울렁울렁

밀려가는 봄바람
총각의 마음에 깃들 때면
버들피리 꺾어 불고

봄바람 탓이라 핑계를 대지만
아지랑이 피어오르는 언덕 너머로
둘이 손잡고 가잔다

(1968년 3월 21일)

보리밭

종달새 한 마리가
파드닥, 작은 깃 떨어트리고
하늘로 솟아오른다

파릇파릇
물결 이는
보리밭에
아가씨랑
숨바꼭질하는
냉이, 꽃다지가
부럽다

(1968년 3월 26일)

초록 물이 오른다

갈색으로
온갖 시련을 겪은 것이
아지랑이 피어올라
종다리 노래하니
희색이 만연하다

가지마다
싹 눈마다
초록 물이 차오른다
봄바람 불 때마다
휘늘 치렁
치렁 휘늘
초록물 찰랑

(1968년 3월 26일)

개나리꽃

울 밑에 얼기설기 뻗어난

개나리 나뭇가지마다

금 조각을 매달아 놓았나

노랑 꽃잎 눈부시다

초록 잎사귀 돋아날라

유혹과 질투가

선수를 쳤네

(1968년 4월 5일)

해가 바뀔 때

무신년 새해!

1968년 1월 1일
일 년은 하나
일 년은 열두 달 365일 또는 366일
한 달은 4주 30일 또는 31일
그러나,
2월은 28일, 4년에 한 번은 29일

일주일은 7일
하루는 24시간
한 시간은 60분
일 분은 60초

작은 것들이 한데 어우러져
질서를 무시하지 않고

각자 율동으로 빚어내는

커다란 한 해

(1968년 1월 상순)

제비

새까만 놈
배 밑에 흰 깃이
매력적이다

지지배배 지지배배

빤짝이는 조그마한 눈알
처마 밑 옛집 그리워
돌아온 온 녀석
보고팠던 주인 만나
수다를 떤다

지지배배 지지배배

강남 소식통
새까만 놈

처마 밑 새끼줄에서

쉴 새 없이 조잘댄다

(1968년 4월 13일)

물 논 임자

논두렁 넘실넘실
잔물결 출렁일 때
고요히 반짝이던
별 빛
물 논에 내려앉으면
개구리
한바탕
축제를 벌인다

개골 개굴개굴 개골

밤을 지새워
물 논에서 왁자지껄

(1968년 4월 18일)

쪼록 싸리꽃

작은 꽃잎이
드문드문 돋았을 뿐인데
가지 맨 끝까지
흰 꽃으로 덮인 게
흡사, 꽃방망이가
세워져 있는 것 같다

작은 꽃망울
옹기종기
일제히, 웃는다

(1968년 4월 18일)

익어가는 추억의 알알

구불구불
휘감고 기어간
청포도 넝쿨
탐스럽게 익은
포도송이가 알알이 맺혔다

싱그런 향기와
달콤한 포도 맛
먼 산골짝에
메아리로 남겨두려고
청포도
알알이 추억을 새긴다

(1967년 11월 7일)

해설

60년대 군대 시절의 귀한 시, 깜짝 선물

김종경 (시인·문학박사)

　한석우(81) 시인이 20대 시절, 군 복무 중에 창작한 시를 추려 첫 시집, 시로 쓴 병영 일기 『군인의 진짜 멋과 맛을 안다』를 엮었다. 무려 57년 전인 1967~1968년 사이에 창작한 작품들이다. 생생한 병영 생활의 모습을 사실적으로 묘사한 리얼리즘 시로서 당시 병영 문화가 어땠는지 일면을 보여주는 귀한 자료적 성격도 갖고 있다. 문학사적으로나, 군 문화사적 측면에서 매우 소중한 시집이 아닐 수 없다. 책장 깊숙이 간직해 오던 귀한 병영 시를 세상에 내놓은 시인에게 감사드린다.

　오늘날 병영 문학은 지난 2002년부터 국방부가 병영문학상 공모전을 실시함으로써 현역 군인이면 누구나 창작활동에 참여할 수 있는 길이 제도적으로 열려 있다. 그러나 무장 공비가 속출하던 1960년대는 언감생심, 군대에서 문학창작은 상상도 못 할 일이었다. 한석우 시인처럼 순전히 개인적 노력으로 가능한 일이었지만, 개인 어느 누가 병영 생활을 하면서 창작할 엄두를 냈겠는가. 더구나 시 창작은 아무나 할 수 있는 영역이 아니다.

    한석우 시인은 자신의 생활을 계획하고 실천하는 탁월성을 가지고 있으며, 특히 기록하는 습관을 선천적으로 갖추고 있다. 더욱이 고교 시절에 152편의 시를 남겼을 정도로 시에 대한 열정이 뜨거웠다. 이 모든 요인이 한데 어우러져 142편에 이르는 엄청난 양의 병영 시를 남길 수 있었다. 혹, 제대 후에 지난 경험을 바탕으로 시를 쓰는 사람은 있을지는 모르겠다. 그러나 복무하면서 작품을 쓴다는 것은 한석우 시인조차도 모험에 가까운 일이었을 것이라고 본다.

    한석우 시인이 입대한 60년대는 그야말로 호랑이 담배를 피우던 시절이라고 해도 과언이 아닌 시기였다. 입영하는 동네 청년에게 마을 이장이 '武運長久'(무운장구)라는 어깨띠를 직접 매줬고, 온 동네 사람들이 모두 나와서 애국가를 부르며 환송해 주던 시절이었다. "무탈하게 잘 지내다 오라."는 의미의 어깨띠. 그때는 무장 공비들이 속출했고, 총격전을 벌이다가 생명이 위험해질 수도 있는 엄혹한 시대였다.

    시인은 1965년 10월에 입대했으나, 시는 1967년 4월부터 썼다. 졸병 시절, 사역병 같은 고된 나날 속에 연대 얼차려를 받고 선임자들에게 매 맞느라 바빠 감히 시를 쓸 엄두조차

낼 수 없었다고 한다. 당시 무장 공비가 속출하는 상황에서 군기가 곧 생명이었으니 해이해질 틈을 주지 않았다고 보는 게 옳을 것 같다. 오늘날과는 비교할 수 없을 만큼 군기가 셌던 시절이다.

상병으로 진급하고 나서야 한숨 돌리면서 시를 쓸 수 있었다. 입대 1년 반이 지난 시점이었다. 시인은 제대 직전까지 봇물 터지듯 시를 썼다. 삭막한 병영 생활을 사실적이면서도 서정성 빛나는 시로 승화시켰다.

시인은 대학 재학 중에 입대했다. 지식계통이어야 배속될 수 있는 대대 소속의 행정병으로 근무하게 됐다. 행정병으로 근무한 덕에 당시 자산 관리 업무차 다른 병사들보다 외출을 자주 할 수 있던 것은 병영 생활 외에 민간을 묘사한 시를 쓸 수 있는 계기가 됐다. 대대라고 하지만 당시 군대 생활은 의식주 모두 비참할 정도로 열악했다. 밥그릇, 국그릇, 부러진 알루미늄 숟가락이 소위 짬밥의 전부이던 시절에 쓰인 병사의 시. 열악하고 험악한 상황에 점차 적응해 나가며 유능한 군인으로 거듭나는 과정을 담은 시는 마치 땅속에 묻혀있던 보물을 발견한 기분이다. 시간 저쪽의 군 생활을 담은 시집은 이렇게 시작한다.

"말번 불침번의/ 벼락치는 외침/ 기상!" (「아침 점호」 부분)

시인은 새벽 기상 소리를 "벼락치는 외침"으로 표현했을 정도로 긴장되고 경직된 군 조직 문화를 잘 나타내고 있다. '벼락치다'라는 직설적 표현은 빡센 군기를 가늠하게 한다. 지금과는 비교할 수 없을 정도로 정신이 바짝 들어있던 시절에 대한 표현이라고 할 수 있다.

시 「악을 쓰는 병사들」에서 병사들의 군기가 어떻게 잡혀가는지 생생하게 보여준다.

"X새끼야! 죽도 못 먹었나?/ 왜, 그리 다 죽어가나?/ 부릅뜬 눈에/ 주먹다짐/ 병사들은/ 악을 쓰며 핏대를 올린다 / 불이 번쩍/ 군기가 번쩍" (「악을 쓰는 병사들」 부분)

간결한 시어로 승화시켜 덜 비참해 보일 뿐, 숨 막히는 현장 분위기가 고스란히 전해진다.

시 「푸른 제복의 사나이」는 훈련병 시절부터 제대에 이르는 전 과정을 파노라마처럼 다루고 있다. "앙칼진 조교"라는 표현부터 조교가 얼마나 호되게 군기를 잡았는지 보여준다. 이제 막 훈련소에 입소한 훈련병들은 어느새 "새까맣게 그을린 얼굴" "눈동자가 빛나고 이빨만 번득"일 정도로 빠르게 사나이로 거듭나고 있다. 백발백중 명사수의 실력을 발휘한 시인의 솜씨를 묘사, 앞으로 펼쳐질 군 생활을 뛰어나게 잘해 나갈 것을 예고하는 장면도 있다.

방독면 훈련 상황을 묘사한 부분은 절정을 이룬다. 방독면을 착용한 후 최루 가스가 가득한 방에 입실해서 일제히 방독면을 벗고 "진짜 사나이" 군가를 외쳤던 모습을 묘사했다. 군기 잡는 일에 물불 안 가렸던 시대 상황을 제대로 보여주고 있는 것 같다. 눈물 콧물이 범벅된 채 맵고 쓰라린 고통 속에서도 군가를 불러야 했으니, 지금으로서는 상상도 할 수 없는 일이다.

훈련병 전 과정을 마치고 "영광의 계급장은 작대기 하나/ 이등병!"을 땄지만, 곧 신병 생활에 접어들면서 "식사 당번, 불침번/ 눈코 뜰 시간은 없다/ 고참들 성격을 건드려서는 안 된다/ 엉덩이에 매타작이 춤을 춘다"라고 하고 있다. 본격적으로 시작되는 군 생활은 식사 당번에 불침번, 고참들의 매타작을 피할 수 없기에 시인은 "신병은 외롭고 괴롭다"고 푸념한다.

상등병이 됐을 때 "호흡이 안정되며/ 멋과 맛을 진짜 기분을 안다/ 한 꺼풀 벗은 사나이"로 거듭나 있음을 보여주고,

제대를 눈앞에 두고는 "갈매기 하나/ 계급은 병장/…/ 차례를 기다리는 싹이 틀 뿐."이라며 고향 집에 돌아갈 날을 손꼽아 기다리는 시인의 간절한 마음을 그리고 있다.

시인은 다수의 작품에서 군인의 기백, 군기 잡힌 병영 생활, 선임자와 조교들의 무서운 호통과 체벌 등 군대의 일상사를 다양하게 보여주고 있다.

시「점호(一夕)」에서는 밤에 잠들기 직전까지 이어지는 병사들의 긴장을 시로 형상화하고 있다.

"병사들의 혼이 빠지는 시간"이라는 표현이라든가, "주번 사관 호통으로 /하루의 생활은 막을 내린다 //…//단꿈에 빠지면 / 하나, 둘…, 누군가의/잠꼬대도 고요 속에 잠들고,"(「점호(一夕)」부분)라고 하고 있다.

오죽했으면 병사들은 잠을 자면서까지 한낮의 구호를 잠꼬대할까 싶다.

청춘 시절의 이성에 대한 호기심이나 그리움도 다뤘다. 군사우편에 마음 설레고, 지나가는 아가씨 모습을 보며 가슴 두근거리는 푸른 청춘 시절의 감성을 드러내 보인다. 그런가 하면 당시 치러진 대통령 선거, 무장 공비, 월남전 파병, 군부대 스피커 설치 등 다양한 시대 상황을 반영한 시들도 있다.

특히 시인이 푸른 군복을 입고 처음으로 대통령 선거를 치르는 과정을 묘사한 시「투표」는 "떨리는 호흡"이라고 긴장감을 표현함으로써, 투표의 중요성을 이야기함과 동시에 신중한 선택을 했음을 보여주고 있다. 차려입고 나선 "A급 푸른 제복"은 시인이 투표를 신성하게 생각하고 있음을 상징한다. 마침내 시인은 한 사람의 투표의 중요성을 깨달은 "모처럼의 시간"이라고 표현하고 있다. 이 선거는 제6대 대통령 선거였으며, 당시 박정희 대통령이 당선됐다.

시「진급과 사진 촬영」에서는 상등병, 병장으로 진급할 때마다 사진관 나들이를 하면서 기념사진을 찍을 정도로 여유 있는 계급에 이르렀음을 보여준다.

당시 부대에 스피커가 처음 보급되었음을 짐작하게 하는 연작시「스피커 1」,「스피커 2」도 이채롭다. 시인은 부대에 스피커가 장치돼 뉴스와 "명랑한 음악"이 제공되자 "내일의 스피커를 기대한다/ 고달픔을 달래줄 묘약"이라며 스피커에서 내일의 희망을 찾고 있다. 격세지감이 느껴진다.

시인은 시「군복과 버스」에서 군인으로서의 자부심도 보여준다. 버스가 고장 나 다음 차를 갈아타야 하는 순간, 군인을 배려해 주는 운전사의 태도에서 처음으로 군인 된 자부심을 느끼고 있다. 당시 파월 장병을 그린 시에서는 시대적 상황과 함께 마음을 다해 차를 권하는 시인의 따뜻한 마음을 엿볼 수 있다.

이제 시인은 제대를 앞두고 있다. 자대배치를 받고 처음 복무하던 순간부터 제대까지 이르는 과정을 회상하면서 과연 군 생활에 미련이 생길지에 대해 자문하고 있다. 힘든 시간이었지만, 어느 틈엔가 정도 들었을 것이다.

부대 밖에서 접촉하는 민간인들을 바라보는 시인의 눈이 따뜻하고 정감이 넘친다. 또 자연과 사물을 자세히 관찰한 시들도 탁월하다. 시인의 문학적 감성은 그가 아무리 군대라는 경직된 조직 속에 있을지언정 전혀 빛바래지 않고 오히려 빛을 발하고 있다.

시인의 식을 줄 모르는 창작열이 오늘날 과거 군대 시절의 시를 우리에게 깜짝 선물하고 있다.

시로 쓴 병영 일기
(1967년~1968년 5월 25일)
군인의 진짜 맛과 멋을 안다
한석우 시집

초판 1쇄 발행 2024년 9월 20일

지은이　　　한석우
펴낸이　　　박숙현
편집　　　　김종경
펴낸곳　　　도서출판 별꽃
출판등록　　2022년 12월 13일 제562-2022-000130호
주소　　　　경기도 용인시 처인구 지삼로 590 CMC빌딩 307호
전화　　　　031-336-8585
팩스　　　　031-336-3132
E-mail　　　booksry@naver.com

ⓒ한석우, 2024

ISBN 979-11-94112-04-4 03810
값 18,000

- 이 책의 일부 또는 전부를 재사용하려면 반드시 저작권자와 「도서출판 별꽃」 양측의 동의를 얻어야 합니다.
- 잘못된 책은 구입한 곳에서 바꿔드립니다.